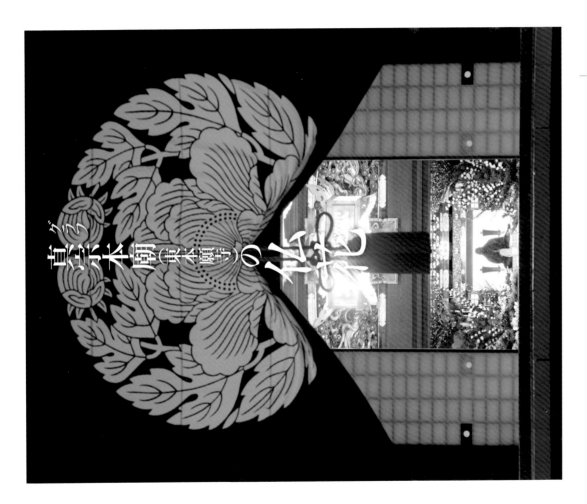

真宗本廟（東本願寺）の仏花

※「四季の仏花」は御影堂・阿弥陀堂の順で掲載しております。

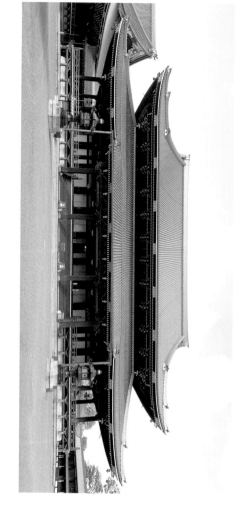

見真

御影堂は宗祖親鸞聖人の御真影を安置する建物で、真宗大谷派の宗祖。正面76m、側面58mはほ中央に宗祖親鸞聖人の御真影を安置し、その左右に蓮如上人の御真影や十字・九字の名号、歴代門首の御影像が掛けられている。

境内の建物で最大。高さ38mと世界最大級の木造建築物で、1880（明治13）年から15（明治）年にかけて、28の歳月をかけて落成。

御影堂

阿弥陀堂

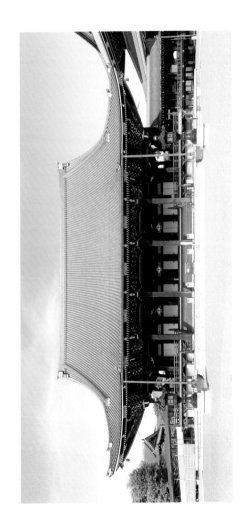

御影堂と同じく一八九五（明治28）年の落成。

正面52m、側面47m、高さ29m。

御影堂の南側に建ち、御本尊・阿弥陀如来を安置する。

御影堂の建築様式が和様の道場形式であるのに対し、阿弥陀堂は禅宗様の仏堂形式で建てられた。

阿弥陀堂の内陣は、『仏説阿弥陀経』等に説かれる浄土の世界を表現するため、天井から柱にいたるまで金色で荘厳されている。阿弥陀如来の左右には、法然や聖徳太子をはじめとする七高僧や高僧、そして浄土真宗の徳を上げた人たちの御影像が掛けられている。

御影堂：九字名号の前（九字之間）の仏花

御影堂：十字名号の前（十字之間）の仏花

「親鸞聖人の聖徳太子
期の法要とは、毎年、
聖徳太子を慶ぶ「聖
徳奉讃法会」を、四月
一日から三日まで、
親鸞聖人ご誕生を慶
ぶ「御誕生会」（音楽
法要）と、相続講員と
敬帰婦人など、継講と
帰敬式会という先師の
遺徳を偲ぶ「師徳法要」
が営まれる法要です。

「御影堂　春の法要」
戦没者・戦争中に
造中会等が営まれる
物故者等を慶び、
方の近代以降の非戦
平和を営む法要であ
る「師徳法要」や戦
没者造中会等が営ま
れる法要です。

御影堂：御真影の前の仏花

春の法要の仏花

○真………松

○流枝・控・正真………松
　前置き

○請う
　副………黄楊

○前置………黄楊

○正真・前請………牡丹
○見越し・副請下………赤山吹
○副下………桃も桜ら
　　　　　　吹き

○切り………椿
○色………椿
○囲い………葉蘭

※御真影の前の仏花以外の真は
牡丹
桜を使用しています。

5

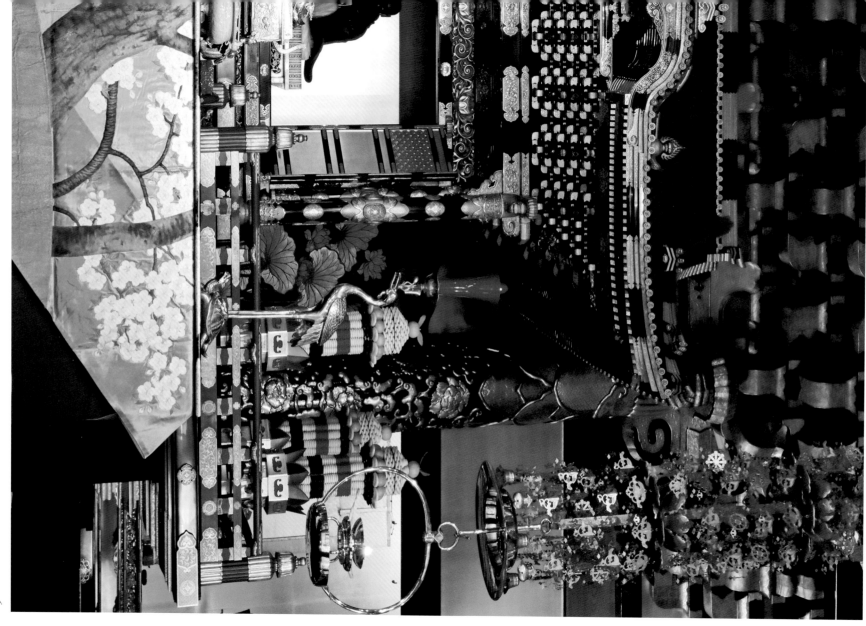

6

阿弥陀堂：道綽禅師（左）、善導大師（中央）、源信僧都（右）の前（南余間）の仏花

春の法要——阿弥陀堂

春の法要の仏花

○真……真柏

○流枝……前置・流枝・杜丹桜・控・控・正真・控下

○請……請置・副・胴・副下・請下

○葉蘭……見越し・正真・杜丹桜

○囲い切り……赤桃

※御本尊の向かって右側の仏花を見越し、控下に山吹を使用しています。

阿弥陀堂：御本尊の前の仏花

御影堂：彰如上人、闡如上人（右）、現如上人（左）の前（本間南脇壇）の仏花

盂蘭盆会

なお、毎年、七月十四日から十六日まで、御影堂、総御影堂に（総）御影を掛けられ、内陣には御簾が下ろされて、御簾越しに切子灯籠が掛けられます。

盂蘭盆会とは釈尊の弟子、目連尊者が『仏説盂蘭盆経』という、お経に説かれている物語に由来します。盂蘭盆会は七月十四日から十六日まで勤まり、この期間中、歴代の御影の前に、すべて仏花がお供えされます。

○○○盂蘭盆会の仏花

○○○胴と見越し置き真し・前真し・剣請け真し

○正真・高い野筆・控檜・檜控　檜扇　杉

○○副し　田く流れし枝・副し枝・揚下　檜扇

○○越し前真前　松

○…大菊　副下　真っ　揚げ蓮す

○色切り…小菊

郎下…請下

女郎をえ花し

御影堂：御真影の前の仏花

阿弥陀堂：法然上人の前（本間南脇壇）の仏花

阿弥陀堂：龍樹大士、天親菩薩（左）、曇鸞大師（右）の前（北余間）の仏花

阿弥陀堂：御本尊の前の仏花

盂蘭盆会の仏花

◯ 真…高野槇

◯ 請・流枝・控…白杉

◯ 副・囲い…檜扇

◯ 正真…松

◯ 正真前…蓮

◯ 前置…黄楊

◯ 見越し・副下・請下…女郎花

◯ 胴…大菊

◯ 色切り…小菊

御影堂：御絵伝の前（十字之間）の仏花

御影堂：九字名号の前（九字之間）の仏花

秋

報恩講

御影堂

真宗仏組講とは、宗祖親鸞聖人を聴聞し、宗祖親鸞聖人の御命日であり先達の真宗門徒に思いを馳せるとともに御正忌報恩講として、報恩講の教えを聴聞し、念仏の教えに生きる11月28日の御命日による真宗門徒に思いを馳せるとともに御正忌報恩講として、先達の真宗門徒に思いを馳せるとともに御正忌報恩講として、念仏の教えに生きることを縁として、大切な仏事として報じている、ためのの仏事で

なお、七昼夜の期間には、毎年11月21日から28日までの七昼夜にわたる真宗門徒にとっての七昼夜の期間には、毎年11月21日から28日までの七昼夜にわたる厳修もとっての立替えるとともに御徳に感謝しての仏事で、この仏組講の七昼夜にわたる厳修もとっての立替えるとして、念仏の教えに生きることを縁として、大切な仏事として報じている、ためのの仏事です。

14

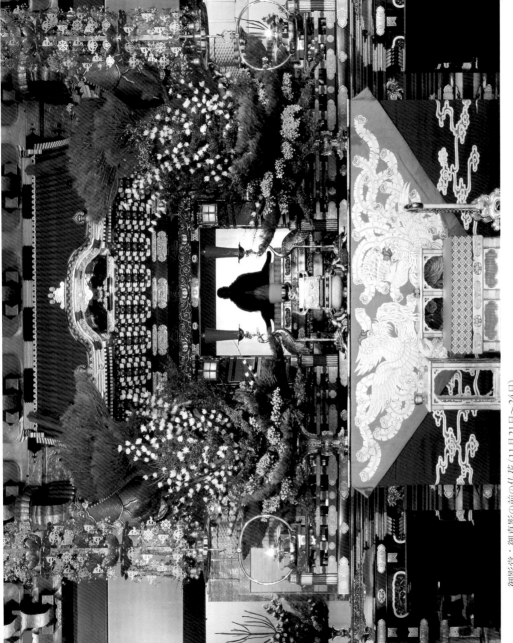

御影堂：御真影の前の仏花（11月21日〜24日）

報恩講の花材（11月21日〜24日）

○真…真松

○流枝・控・正真・前置…松

○請・副・胴・内副…梅もどき

○正真前・見越し・副下・請下・胴内…大菊

○胴…黄楊

○色切り…小菊

○囲い…葉蘭

※毎年24日に立て替えが行われます。
立て替え後の仏花は次頁。

報恩講の花材（11月25日〜28日）

○真…白梅

○流枝・控・正真・前置…松

○請…白梅

○副・胴・内副…南天

○正真前・見越し・副下・請下・胴内…大菊

○胴…黄楊

○色切り…小菊

○囲い…葉蘭

※向かって右の仏花は、胴の下に葉牡丹が生けられます。

御影堂：御真影の前の仏花（11月25日〜28日）

阿弥陀堂：道綽禅師（左）、善導大師（右）、源信僧都の前（南余間）の仏花

阿弥陀堂：御本尊の前の仏花（11月21日～24日）

報恩講の花材（11月21日～24日）

○真…松

○流枝・控・正真・前置…松

○請・副・胴・内胴…梅もどき

○正真前・見越し・副下・請下・胴内…大菊

○胴…黄楊

○色切り…小菊

○囲い…葉蘭

※御影堂と同様に24日に立て替えが行われます。
　立て替え後の仏花は次頁。

報恩講の花材（11月25日～28日）

○真…松

○流枝・控・正真・前置…松

○請・副…白梅

○胴・内胴…南天

○正真前・見越し・副下・請下・胴内…大菊

○胴…黄楊

○色切り…小菊

○囲い…葉蘭

阿弥陀堂：御本尊の前の仏花（11月25日～28日）

御影堂：十字・九字名号の前の仏花

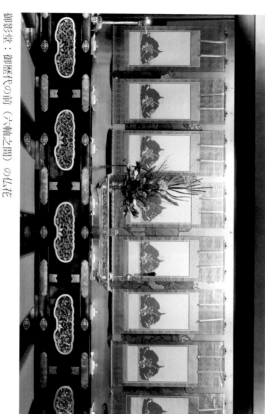

御影堂：御歴代の前（六軸之間）の仏花

なお、正月元旦から七日まで、修正会として手の御真影から御華束をととのえ新年に御歴代の御影をまつります。その後、午前五時三十分に総御影堂にかけられている御影を総御影堂からはずして、仏法の恩を謝し新しい年にのぞむ仏事です。

毎年一月一日から七日まで荘厳の御華束をととのえ身を整え新年に御歴代の御影をまつり身も心も引き締め元旦午前五時の修正会総御影が御歴代の御影がかけられて…

修正会の仏花

○真……請う真に
○見越し真……正真し
○流枝……副……流枝し
○胴〆……正真前
○前置き……東揚げ水仙
○副……前……松
○色切前……控前
○囲い……葉蘭
○あしらい……寒菊……副下……南天
○それだれ柳……熊笹

御影堂：御真影之前の仏花

23

阿弥陀堂：道綽禅師（左）、善導大師（中央）、源信僧都（右）の前（南余間）の仏花

修正会の仏花

○真・副・請……松

見越し
正真前……水仙
流枝前・副……南天
請下・控……梅

○真・副・請……松
流枝前・副置……黄楊
正真前……水仙
請下・副・控……梅

○色切り……椿
胴……黄楊
流枝前・控……梅
請下……南天

○囲い……葉蘭
あしらい……寒菊
副……椿
請下……熊笹
したれ柳

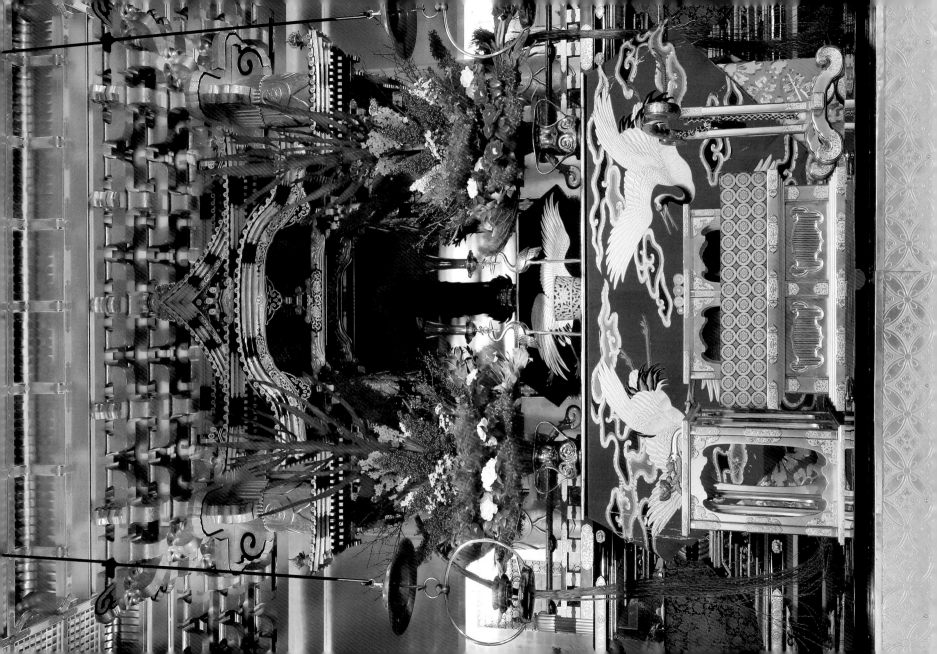

（東大谷）大谷祖廟

御廟

本堂内

本堂

大谷祖廟での主な法要・行事

真宗本廟（東本願寺）の歴代ご門徒の方々のご遺骨が国各地の聖人をはじめ、宗祖親鸞聖人の御廟（ご墓所）でもあり、本願寺（東本願寺）の飛地境内地である。

定例法話		毎月１日・16日
		午後１時50分から約30分
報恩講	大谷講讃仰会	９月27日～28日
		８月14日～16日
暁天講座	花まつり灯会	８月１日～８日
		４月１日～８日

平常時の仏花

御本尊の前の仏花

大谷祖廟 平常時※の花材

○真・正真…松
○流枝・控・請・副…檜
○前置…黄楊
○胴…南天
○正真前・請下…大菊
○見越し・副下…雪柳
○色切り…小菊
○囲い…葉蘭

※大谷祖廟では毎日「永代経」が勤まるため、平常時であっても打敷が掛けられているほか、お華束もそなえられています。

親鸞聖人の前（祖師前）の仏花

聖徳太子、七高僧の前（北余間）の仏花

大谷祖廟
報恩講の花材

○真…松
○請枝副・控・正真・見越…梅
　前置…黄楊
○流枝副・控・正真・前置…梅さし
　胴…大菊
○胴…正真前置…松・梅さし
　見越・正真・前置…黄楊
○色切り…小菊・梅など
○囲い…黄楊

※御本尊の前以外の仏花はこのように胴に黄楊を使用し、胴の内に黄楊を使用しているものもあります。

御絵伝の前（南余間）の仏花

仏花とは

通常目にするいわゆる生け花の形とは、本願寺の仏花は異なりますので、池坊からの流れをくみ、独自に発展してきました。

東本願寺等の仏花は、その基本様式、立花、生花、盛花とされ、真、副、胴、請、色切など、その他を紹介する流枝として独自なものとして立てられます。

まず三具足、五具足の立て方から心得ておきますと、内陣やお内仏の大きさから仏花の大きさ全体は決まってきます。

役枝は前置、控とし、その基本立花、生花、盛花とされ、真を中心として立てられ、副下、請下など各役枝を正しく立てられることが重要です。

まず、いわゆる調和ということが大切で、内陣やお内仏の大きさから、左右の花の調和を第一とし、安定したフォルムとします。

そを求めていくという調和ということが大切にしたいことで、それぞれの花材の色合いを受け重視して、色切の色和を大切にします。

四季折々に用い、形でたためにいる花材は、その出せるものがもっともまし、たがいに調和し、よろこばしいものとなります。

仏花は造花や草花など洋花は用いず、花材は原則として、四季折々の木の出せるものがもっとも大切にしたいもので、草花や洋花は用いてはいけません。

してください。

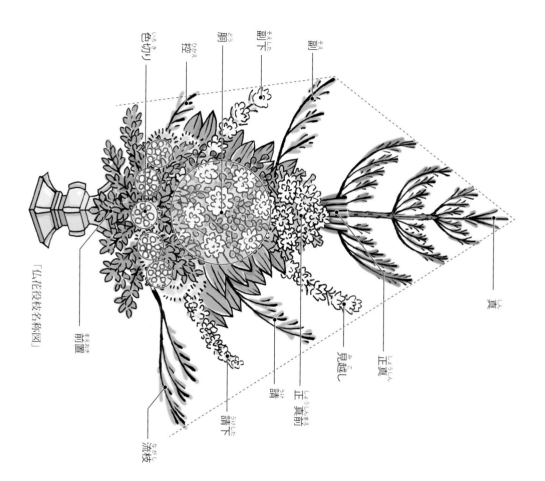

「仏花役枝名称図」

完成形

右から見た形

左から見た形

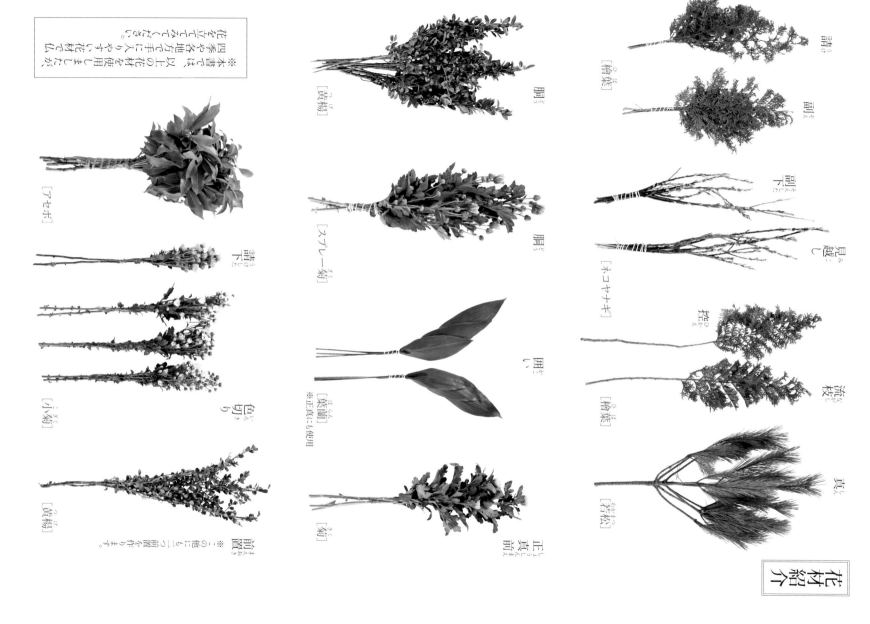

※本書では、四季を通して各地で手に入りやすい花材として仏様のお花を立ててみて方以上の花材を使用しましたが、

[アセボ]

[貝柄]
胴

請け
[檜葉]

副え
[檜葉]

見越し
[ネコヤナギ]

副下
[貝柄]

胴

[スプレー菊]

控えだめ
[檜葉]

流し枝
[檜葉]

囲い
[葉蘭]
※正真にも使用

請下
[小菊]

色切り

真し
[若松]

菊

正真前

前置前置き
※②の位置についてに前置を合わせます。

32

込藁の作り方

これから挿していく花材を固定するために通常、込藁を用います。

堅くて丈夫な米藁の根元のハカマと呼ばれる薄く柔らかなものを取り除き、しっかりしたものだけを使って作ります。

まず藁を花瓶の大きさに合わせて束ね、写真②のように花瓶の高さよりも少し低めに切りそろえます。束ねるときには、写真①のように⑦からひもで強く締め、つづいて①を締めます。なお、小束にしてからの作り方が一般には作りやすいでしょう。また、花瓶の大きさによっては3カ所締める場合もあります。

「真」(二段または三段の松)

丈の長い松があればそのまま挿してよいのですが、短いときには、軒棒(まっすぐでしっかりしたもの)に写真③のように受筒を付け、そこに挿します。

真の丈は、立てられる内陣やお仏の大きさに合わせて決めますが、写真④のようにおおよそ花瓶の3.5～4倍ぐらいの高さとするのがよいでしょう。挿し口は込藁の中央よりやや後方に挿します。

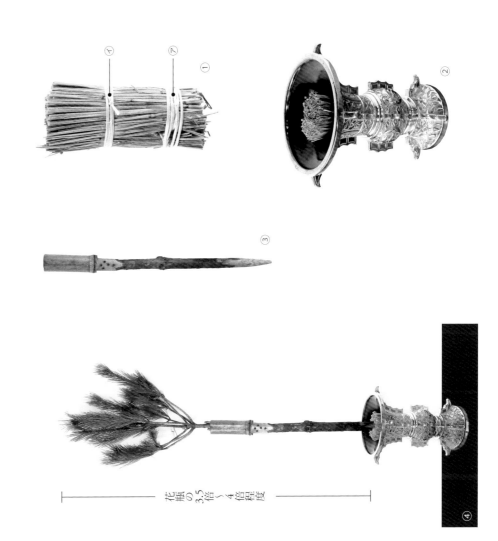

花瓶の3.5倍～4倍程度

副　見越し用
請　副下用

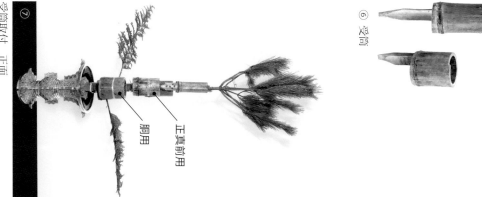

⑦　受筒取付　正面

正真前用
胴用

⑥　受筒

ださいへ。

受筒は真幹の前側に
2個、真幹の後側に
取りつけます。
写真⑦後・⑦前

（4）胴用 ┐
　　　　├真幹用
（3）正真前用 ┘

（2）請・副見越し用 ┐真幹の前後に取りつける
（1）副・請下用 ┘真幹の後側に取りつける

受筒を組む（4個）

市販のもので御堂に立てるものは竹のものでは受筒が必要となる場合がありますが、その場合は受筒⑥のようなものを4個ご用意します。

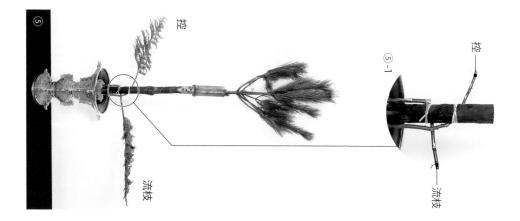

⑤

控

流枝

控

流枝

⑤-1

「流枝」と「控」

斜めに相対して控と流枝は下段に用い、左右同じ役に左右に振り出る役枝の均整を図るため控の脚（流枝は真横へ）のように高くします。写真⑤の控は共に…

「請」「副」

「請」は写真⑧のように後ろ下の受筒から右（少し後ろ）に振り出します。また長さは点線のように真と流枝を結んだ線上より長くならないようにします。長すぎると御本尊が花の陰に隠れてしまうことにもなります。

「副」は後ろ上の受筒から左斜め後方に振り出します。請よりも重くならないようにします。

なお枝はそれぞれひかえなどで固定します。

「見越し」「副下」

見越しは請の頭越しになびかせるように請よりも軽い感じの花材を用います。ここでは、ネコヤナギを三本ないし五本というように奇数で束ね、写真⑨のように後ろ上の受筒から右斜めの後ろへ振り出します。

副下は後ろ下受筒から左斜めの後ろに振り出します。

これは見越しと同じように奇数の本数に束ねて作ります。ただし副下はあくまでも副よりも重くならないような長さで挿してください。

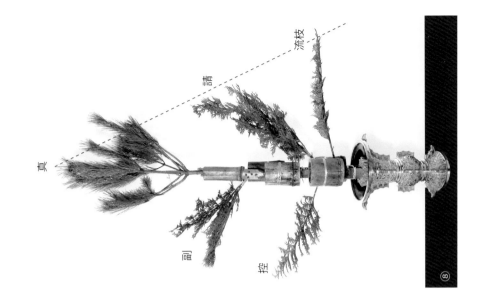

真　請　流枝　副　控　⑧

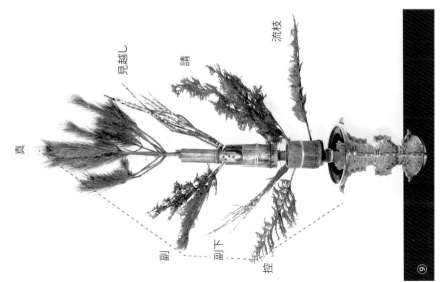

真　見越し　請　流枝　副　副下　控　⑨

真　体

副

⑩

「正真前」

写真⑪のようにして、お花を正真前の受筒に挿して、写真⑩のように真・副・体を正面決めを組み。

このあたりに
くくりつけます

「正真」

葉先を束ね正真の受筒のあたりにくくりつけます。

⑫

胴用受筒

囲い

⑪

正真前用受筒

正真前

「囲い」

次に写真⑫のように葉蘭の囲いを2組、胴用の受筒に挿し、上の受筒（正面前用）を囲います。このとき、真の幹に左右対称になるようにくらのつけます。

これは受筒を囲うため、その空間を埋めるためのもので、写真⑬のように3枚に組んだ葉蘭を使用します。

囲いの作り方として、まず写真の右側に用いる囲いは、葉蘭を裏から見て左に広いものを3枚、大中小と用意します。葉の表を内側にして、葉の狭い方から竹串を心棒として巻いていきなどでくくります（イラスト参照）。同じように大中小の3枚の葉を順に巻いていきます。このままでも使えますが、大きすぎるときは、葉先を適当な大きさに三角にはさみを入れます。

同じような要領で左側用のものを作ります。ただこのときには右側とは逆に、葉を裏側から見て右に広いものを大中小の3枚用意して、葉の表を内側に葉の狭い方から竹串で巻いていきます。

この囲いの材料として葉蘭のほかに夏は檜扇、秋には鳳尾を用いてもよいでしょう。

今回は囲いと同じような形にした葉蘭を、請下・副下辺りにも挿しています。

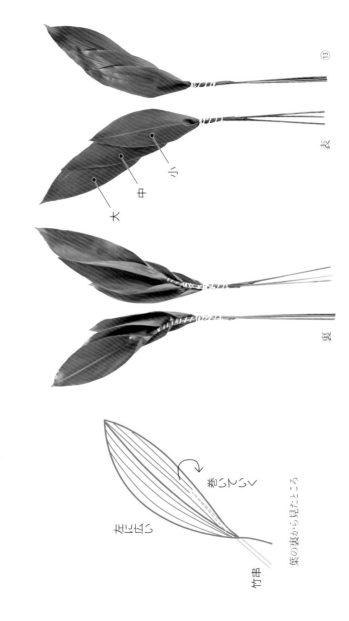

⑬

大　中　小

表

裏

葉の裏から見たところ

巻きこむ

左に広い

竹串

⑰ 前置

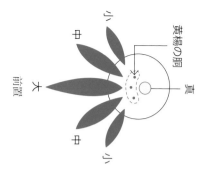

真

小　　　小

中　　　中

大

黄楊の胴

大前置

真前置

胴と同じものを用いてくだ
さい。
　前置は通常3本使います。今
回は黄楊の枝を3本用意しま
す。3本は一番下段の葉を下
げ水際を化粧する材料とし
て使います。細い針金で捕え
3本を束ねる（図）のようにし
手で入り黄楊の塊を作りま
す。左右と真後の3方向に入
れます。小仏花は1本のみ
だが1本の小仏花は……

「前置」（まえおき）

「胴」（黄楊）

⑮ 胴　　真　副　体

⑯
胴（黄楊）

胴（スプレー菊）

　花の真（写真⑮）
用いて……黄楊の胴を周囲のように
させた胴の周囲を……真
の……菊の胴を周囲のように
それらをまとめた……
　黄楊の胴は……大事な役目を
果たします。花瓶に挿した体
他の檜葉材料として……
……葉材料として、伊吹を……
仏花全体に……吹きなどは今
……仏花全体に……（写真⑯）。

「胴」（スプレー菊）

⑭ 胴

……いれるように入れただ
い。……中央前方に組んだ
体は前方に組んだ……
四季の花を使
い出します。スプレー菊を大切
にします。スプレー菊を（写真⑭）
……これはスプレー菊
の受筒を隠すための道具で、
それは……胴用の受筒に挿し
ます。今回は菊に挿します……
……胴用の受筒に挿
ますが……スプレー菊の受筒
に挿します。今回は菊に挿し
ますから……胴全体に入
れる……スプレー菊が大人
……

38

「色切り」「請下」

胴と前置とを区切る意味で色切りを挿しますが、その前にアセボを写真⑲のように束ねたものを3から5本作り、込藁に挿します。これは青い葉の木物であればよく、アセボに限定しません。

ついで色花を写真⑳のように束ねたものを3本ないし5本作り、アセボの間に差し込みます。そして前置と花瓶との間をきれいにそろえ、根本を1本のように仕上げます。

前置

⑱

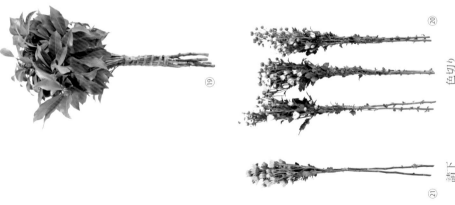

⑲

⑳ 色切り

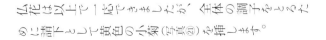

㉑ 請下

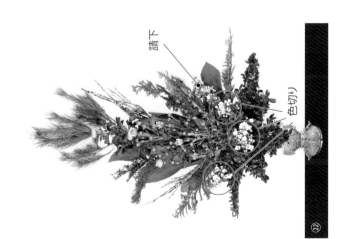

請下

色切り

㉒

仏花は以上で一応できましたが、全体の調子をとるのに請下として黄色の小菊（写真㉓）を挿します。

お内仏の 仏花の 生け方

お内仏のおまつりのなかでもっとも役枝を瓶の基本的な仏花の生け方を紹介しますが、生けるうえでの花瓶の大きいなどにより、花を紹介して前頁まで紹介しいますなお、生ける役枝を用大

※ここで紹介しているものはあくまでも一例ですが、花材を順を追って結んでいく生け方ですので、花材は手に入れた前に紹介して結

完成

▶

▲

13 次に、真の前に真菊を一本生けます。また、その前に小菊とスプレー菊を

菜には菊をたくさん入れ、小菊を前にスプレー菊を足元に補う。完成です。

▲

2 真の前に若松を生けて、ボリュームを出すためには、花材を少なめにし、ポイントとし結構です。

でもこのムを生け、花材を少なめにしてへたせてもたくさんありましら結構いです。

1 まず松しその真を松です。その後ろの若松を振り出すためには、下草を程度に入れ、

その真を松しその後ろに若松を振り出すためには下草を程度に入れし、

行の高さより大きます。この後ろの若松を瓶てその後ろに振らせるときは下草の真は3倍程度を入れ、